글 최백규

2014년 『문학사상』 신인문학상 시 부문을 수상하며 작품 활동을 시작했습니다. 시집 『네가 울어서 꽃은 진다』, 동인 시집 『한 줄도 너를 잊지 못했다』를 냈습니다. 무엇이든 긍정적으로 바라보는 것이 제 장점입니다. 기분 가득 먹구름이 끼어도 마음 청정기를 돌리고 나면 화창해진답니다.

그림 경혜원

대학에서 영문학을 공부하고 그림책을 짓고 있습니다. 『특별한 친구들』 『엘리베이터』 『한 입만』 『공룡 엑스레이』 『쿵쿵』 『나는 사자』 『커다란 비밀 친구』 『나와 티라노와 크리스마스』 등을 쓰고 그렸습니다. 사람들의 귀여움을 잘 발견하는 것이 제 장점입니다.

너의 장점은?

2024년 6월 28일 초판 1쇄 발행   2025년 6월 23일 초판 4쇄 발행

글쓴이 최백규 ○ 그린이 경혜원
펴낸이 염종선 ○ 책임편집 박화수 ○ 디자인 반서윤 ○ 조판 황숙화 ○ 펴낸곳 (주)창비
등록 1986. 8. 5. 제85호 ○ 제조국 대한민국 ○ 주소 10881 경기도 파주시 회동길 184
전화 031-955-3333 ○ 팩스 031-955-3399(영업) 031-955-3400(편집)
홈페이지 www.changbi.com ○ 전자우편 enfant@changbi.com

ⓒ 최백규, 경혜원 2024
ISBN 978-89-364-4869-1 73810

• 이 책 내용의 일부 또는 전부를 재사용하려면 반드시 저작권자와 창비 양측의 동의를 받아야 합니다.
• 책값은 뒤표지에 표시되어 있습니다. • KC마크는 이 제품이 공통안전기준에 적합하였음을 의미합니다.
• 사용 연령: 5세 이상 • 종이에 베이거나 긁히지 않도록 주의하세요.

너의 장점은?

최백규 글 | 경혜원 그림

창비

장점을 잘 찾아

김서준

안녕, 만나서 반가워. 나는 초등학교 5학년 김서준이라고 해. 나의 장점은 사람들의 장점을 잘 찾는 거야. 그게 무슨 말이냐고? 궁금해하는 걸 보니 너는 호기심이 많구나. 좋아, 너의 장점은 다른 사람에게 질문을 잘한다는 거야.

나는 집에서, 학교에서, 길에서 사람들의 장점을 찾아. 장점은 누구에게나 있어. 그렇지만 자세히 관찰하지 않으면 단점이 더 잘 보이기 마련이야. 가까이 다가가서 오래 들여다봐야 해. 눈에 보이지 않고 손에 잡히지 않는 것이 훨씬 소중할 때가 많은 법이거든.

상대방의 장점이 반짝 빛나는 걸 발견할 때 이 세상에 얼마나 재미난 게 가득한지 알게 될 거야. 아직도 잘 모르겠다고?

꼼꼼한 것도 너의 장점이구나! 더 이야기해 줄게. 작년 여름에 바다로 여행을 가는데 차가 많이 막혔어. 멀미가 나서 창문 밖으로 고개를 내밀었지. 그런데 새파란 옆 차의 모습이 고래처럼 생겼지 뭐야? 나는 우리가 바닷속으로 뛰어들었다는 상상에 빠졌어. 마치 커다란 고래를 타고 헤엄치고 있다는 상상에!

저 앞의 트럭은 혹등고래, 뒤따라오는 차는 가오리. 고속도로 위 자동차에 하나씩 이름을 붙여 줬어. 투정을 부리던 동생 서윤이도 재미있어 보였는지 온갖 물고기 이름을 외쳤지. 그렇게 놀다 보니 꽉 막히던 도로도, 내 마음도 금세 뻥 뚫렸어. 내가 찾은 여름 여행의 장점은 가슴속에 눈부신 바다를 펼쳐 준다는 거야. 이야기를 더 듣고 싶다고? 하하, 좋아. 그럼 이렇게 하는 건 어때?

그동안 내가 찾은
주변 사람들의 장점을 알려 줄게.
그다음에는 네가 찾은
주변 사람들의 장점을 알려 줄래?

준비됐어?
자, 그럼 지금부터 시작!

차례

장점을 잘 찾아 ---------- 2
판단이 빨라 ---------- 10
집중력이 높아 ---------- 14
솔직해 ---------- 18
귀여워 ---------- 22
공평해 ---------- 26
믿음직스러워 ---------- 30
다른 사람에게 관심이 많아 ---- 34
유머 감각이 뛰어나 ---------- 38
앞장설 줄 알아 ---------- 42
한결같아 ---------- 46
약속을 잘 지켜 ---------- 50
마음이 느긋해 ---------- 54
자신감이 넘쳐 ---------- 58
기분을 잘 다스려 ---------- 62
공감을 잘해 줘 ---------- 66
겸손해 ---------- 70
계획적이야 ---------- 74

진지해 ---------- 78
웃음이 많아 ---------- 82
겉보기와 달라 ---------- 86
주변 의견에 귀를 기울여 ----- 90
잘못을 인정할 줄 알아 ------ 94
비밀을 잘 지켜 ---------- 98
너그러워 ---------- 102
새로운 환경에 잘 적응해 ---- 106
깔끔해 ---------- 110
다른 사람과 잘 어울려 ------ 114
아는 게 많아 ---------- 118
상냥해 ---------- 122
힘이 세고 씩씩해 ---------- 126
인내심이 뛰어나 ---------- 130
끈기가 있어 ---------- 134
호기심이 많아 ---------- 138
어린이를 존중해 ---------- 142
자기 일을 사랑해 ---------- 146

우리 엄마는 일이 많아서 바빠. 같이 놀러 가자고 약속한 주말에도 회사에 나갈 때가 있어. 실망한 내가 베개에 얼굴을 묻은 채 울고 있으면 엄마는 주방에서 맛있는 음식 냄새를 폴폴 풍기며 유혹해. 나는 한참 버티다가 배에서 꼬르륵 소리가 날 때쯤 못 이기는 척 문을 열고 나가지. 고작 음식 때문에 화가 풀린 건 아니고, 내가 마음이 넓어서 그런 거야.

엄마는 내가 어떤 생각을 하는지 다 알고 있는 게 아닌가 싶어. "엄마는 척 보면 딱 알아."라고 말하는데 진짜일까? 엄마한테는 거짓말을 할 수가 없어. 어른이 되면 돋보기로 다른 사람의 마음을 들여다볼 수 있는 걸까? 정말 그런지 궁금해서 얼른 어른이 되고 싶어.

엄마는 처음 하는 일도 빠르게 파악해. 내가 오래 못 맞추던 퍼즐을 금방 완성한 적도 있지. 무언가 고장 났을 때도 엄마가 열심히 만지다 보면 금방 고쳐져. 마술 같아서 참 신기해. 동생이랑 별거 아닌 일로 싸웠을 때는 엄마가 먼저 사과하는 사람이 이기는 거라고 말해 줬어. 엄마 말을 들으면 곤란한 일도 쉽게 해결돼.

그런데 며칠 전 엄마는 가스레인지를 켜 둔 채로 친구랑 통화하다가 냄비를 홀랑 태웠어. 물론 빠른 판단으로 곧바로 불을 끄고 창문을 열었지. 엄마는 모든 걸 알고 있는데 왜 이건 몰랐을까? 친구랑 나누는 이야기가 워낙 재미있어서 깜빡한 걸까?

나도 엄마처럼
판단을 빠르게 내리고 싶어.
그럼 무슨 일이든지
척척 해낼 수 있겠지.
실수를 하더라도
금방 바로잡을 수 있을 거야.

아빠는 무언가에 집중하면 깊이 빠져들어. 그래서 말수가 별로 없지. 아빠는 여행을 떠나는 것보다 집안일을 하면서 조용히 시간을 보내는 게 더 좋대. 나는 아빠랑 놀이공원에 놀러 갔을 때도, 일출을 구경하러 바닷가로 떠났을 때도 너무 즐거웠던 기억이 선명한데 말이야.

아빠는 회사에서도 다른 사람들과 대화를 많이 나누지 않는 것 같아. 책상에 가만히 앉아 일하고, 식당에서 조용히 밥을 먹고, 크게 웃지도 않으면서 하루를 보내는 걸까? 가끔은 아침부터 저녁까지 아빠로 살아 보고 싶기도 해. 도대체 어떤 생각을 그렇게 골똘히 하는지 궁금하거든.

아빠랑 장을 보러 가면 물건을 고르는 데도 시간이 한참 걸려. 아빠가 열심히 빨아 준 운동화는 얼룩 하나 없이 반짝거리지. 드라마를 볼 때도 가만히 생각하다가 다음에 어떤 내용이 나올지 전부 맞히는 걸 보면 미래를 보고 온 듯해. 아빠 덕분에 깨달았어. 무언가에 집중한다는 건 그 일에 온 마음을 기울이는 거라는 걸.

"좋아한다면 푹 빠져서 끝까지 즐겨 봐." 내가 휴대폰을 하든지 컴퓨터를 하든지 아빠가 크게 뭐라고 하지 않는 건 나를 존중하기 때문일 거야. 일주일 내내 일하느라고 힘들었을 테니까 엄마, 아빠의 주말도 존중해야겠어. 그래도 놀이공원은 같이 가야 해, 아빠!

나도 아빠처럼
집중력이 높으면 좋겠어.
무언가에 집중하면
온 세상이 그것으로 가득해지지.
내가 사랑하는 일에 집중하면
온 세상이 즐거움으로 가득해질까?

내 동생 김서윤은 이제 막 초등학교에 입학했어. 방바닥을 기어 다닐 때가 엊그제 같은데 언제 일어서서 걷고 초등학생이 됐는지……. 내가 다 뿌듯해. 갈수록 키가 빨리 자라서 이러다가 나보다 커지면 어쩌나 걱정될 정도야.

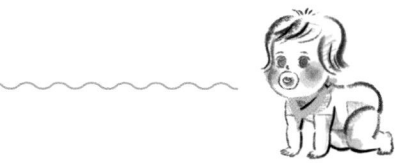

빠르게 자라는 키만큼이나 서윤이는 갈수록 점점 솔직해지는 것 같아. 내가 반 대항 축구 대회에 나가게 되어서 열심히 드리블 연습을 했더니, 한심하다는 표정으로 "어차피 금방 탈락할 테니까 정신 사납게 굴지 마!"라는 거 있지? 그런데 정말 서윤이 말대로 다음 날 바로 탈락해 버렸어. 흠, 도대체 어떻게 알았을까?

서윤이가 솔직해서 좋았던 적도 있어. 소풍날 일찍 일어나서 한 시간이나 옷을 고르고 있었거든. 그때 서윤이가 한마디를 던지더라고. "오늘 날씨엔 초록색이 딱이야." 우물쭈물하다가 초록색 후드 점퍼를 입고 뛰쳐나갔지. 그런데 학교에 도착하니까 내가 좋아하는 윤혜가 옷이 잘 어울린다고 칭찬해 주는 거야. 그날 내내 기분이 좋아서 가장 아끼던 스티커를 서윤이에게 선물했어.

　내가 고민에 빠졌을 때 서윤이가 방문 앞을 지나며 툭 던지는 말들이 도움이 되고는 해. 친구와 다퉜을 때 그건 내 잘못이라고 거침없이 이야기하기도 하지. 얼음처럼 차갑게 들릴 때가 많지만 돌아보면 서윤이 말이 다 맞아. 나보다 나이는 어려도 성격이 똑 부러져. 나도 서윤이한테 든든한 오빠가 되어 주고 싶어.

솔직하게 마음을 털어놓는 건 어려워.
가끔 연필처럼 뾰족한 서윤이 말에 찔려서
화가 나고 서운할 때도 있지만
나도 용기를 내서 서윤이처럼 솔직해지고 싶어.
그럼 우물쭈물하지 않고 누구에게나
내 마음을 잘 전할 수 있을 거야.

코코는 우리 집의 귀염둥이 막내야. 어릴 때 유기견 보호 센터에서 데려왔어. 처음 우리 집에 왔을 때는 사람을 엄청 무서워하고 밥도 잘 안 먹어서 걱정했는데 요즘은 지나치게 활발해서 탈이야. 예전에는 내내 잠만 자더니 지금은 아침부터 온 집 안을 뛰어다니지. 우리 집은 코코 덕분에 언제나 활기차.

코코를 처음 봤을 때는 손바닥만큼 조그마했어. 이게 다 큰 건가 싶었지. 그런데 어느 순간부터 내 동생보다도 빠르게 크지 뭐야. 순한 모습은 어디 가고 영락없는 장난꾸러기만 남았어. 사람 나이로 치면 벌써 어른이래. 어느새 이만큼 자란 걸까. 나와 코코의 시간은 다르게 흐르는 듯해.

코코가 휴대폰 충전기나 소파를 물어뜯어서 속상할 때도 있어. 하지만 혼내려고 해도 코코의 초롱초롱한 눈망울을 마주하면 화가 가라앉아. 자기가 귀엽다는 걸 잘 알고 있나 봐. 동그란 눈망울에 살랑거리는 꼬리! 이건 정말 반칙이야.

코코가 아플 때는 심장이 쿵 떨어지는 것 같아. 한번은 작은 장난감 블록을 삼키는 바람에 부리나케 동물 병원으로 달려간 적이 있어. 의사 선생님이 큰일은 아니라고 해서 천만다행이었지. 겁먹은 채 떨고 있는 코코를 보면서 나까지 눈물이 났어. 코코가 내 동생이나 다름없다는 사실을 깨달았지. 코코야, 나랑 같이 건강하게 오래오래 살아야 해!

나도 코코처럼
귀여워질 수 있을까?
아무리 노력해도
우주에서 가장 귀여운 코코를
따라잡을 수는 없을 거야.

준우랑은 같은 동네에 살아서 친해졌어. 우리는 수학 학원에 같이 다녀. 준우는 즉흥적인 나와 다르게 무슨 일이든지 계획적이야. 미리 세운 일정대로 하루를 보내고 친구들이랑 다 같이 피자를 먹을 때도 칼같이 조각을 나눠. 휴대폰으로 각도기까지 켜서 말이지.

"너는 많이 했으니까 이제 다른 친구 차례야." 준우는 뭘 하든지 순서도 공평하게 정해. 그래서 정이 없어 보일 때도 많지만, 준우 말대로 하면 나중에 서로 서운한 일이 생기지 않아. 준우는 함께 게임을 해도 마지막에 돈과 아이템을 꼭 나눠 가져. 준우가 우리 중에 게임 실력이 가장 좋아서 아무도 불만이 없어.

준우라고 항상 똑같이 나누기만 하는 건 아니야. 오늘 학원에서 모둠 과제를 하는데 준우랑 같은 조가 되었거든. 그런데 조장을 맡은 준우가 다들 싫어하는 발표를 하겠다고 나섰어. "나는 조장이니까 괜찮아." 그 순간만큼은 준우가 영웅처럼 보였어. 도움이 필요할 때 모두를 구해 줬으니까.

누구나 가끔 하기 싫은 일을 다른 사람에게 미루고 싶을 때가 있어. 하지만 준우는 어렵고 힘든 일일수록 먼저 나설 때가 많아. 그래서 선생님한테 칭찬도 자주 받는데, 그때마다 친구들이랑 같이 한 일이라고 꼭 이야기해. 알면 알수록 속이 참 깊은 친구야.

똑같이 나누는 것만이 공평한 건 아니겠지.
같이 놀 때 잘 따라오지 못하는 친구를 기다려 주고
먼저 손을 건네는 게 진짜 공평한 거야.
좋은 것일수록 양보하면서 더 다정한 사이가 되고 싶어.

민준 형은 준우네 큰형이야. 키가 크고 운동을 잘해. 인기가 많아서 친구들이 집으로 자주 놀러 온대. 그때마다 준우는 컴퓨터를 뺏겨서 기분이 좋지 않지만 형보다 마음이 넓으니까 조용히 비켜 준다는 거야. 절대로 형이 무서워서 그런 건 아니래.

 민준 형은 자주 준우를 놀린대. 어려운 문제를 푸느라 끙끙거릴 때면 자꾸 잘난 체를 한대. 준우가 숨겨 둔 과자를 몰래 다 먹어 버리거나 침대에 누워서 불을 꺼 달라고 부를 때도 있대. 정말 기가 막혀. 그런데 준우네 엄마, 아빠는 형한테 버릇없이 굴면 안 된다고 형 편만 들어준다는 거야. 그래서 준우가 언제나 억울하대.

준우는 동생이라서 힘들 때가 많지만 형이 있어서 듬직할 때도 있대. 어제는 친구들이랑 놀다가 학원을 깜빡해서 눈앞이 캄캄했는데 "가끔 신나게 놀 수도 있는 거지. 형만 믿어!"라고 큰소리쳤다는 거야. 학원에서 보충 수업을 했다고 엄마, 아빠에게 대신 능청스럽게 둘러대더래.

지난주에는 학교에서 괜히 준우한테 시비를 걸던 우진이에게 민준 형이 찾아갔어. 떡볶이를 사 주면서 이야기하는 걸 내가 지나가다가 우연히 봤지. 그래서인지 준우와 우진이가 다시 친해졌어. 준우에게 그 이야기를 들려주니까 용돈을 털어서 형이 좋아하는 아이스크림을 사더라고. 집으로 돌아가서 아이스크림을 내밀었더니 준우보고 이제 다 컸다고 하더래.

나도 민준 형처럼 믿음직스러워지고 싶어.
나를 믿어 주는 사람이 옆에 있다는 것만으로
마음이 가득 찰 테니까.
따뜻한 밥 한 공기처럼 든든한 사람이 되어야지.

다른 사람에게 관심이 많아

강서연

옆집 서연 누나는 나보다 한 살이 많아. 우리는 어려서부터 친하게 지냈어. 성격이 활발한 누나는 온 동네 이야기를 속속들이 알아. 놀이터에서 수다를 떨 때면 우리 동네 뉴스를 듣고 있는 것 같다니까. 준우랑 민준 형이 한바탕 싸운 이야기, 분식집 사장님이 휴가를 간다는 소식까지 다 알고 있어.

문제는 누나가 내 이야기도 여기저기 전한다는 거야. 학원을 빼먹은 걸 우리 엄마, 아빠에게 이르거나 내가 윤혜한테 관심 있다는 걸 소문내는 바람에 몹시 곤란했던 적도 있어. 그러다 보니 누나에게는 비밀을 이야기하고 싶지 않아. 마이크를 쥐고 온 동네에 소리치는 거나 마찬가지니까.

지난달에는 동네 교회에서 열리는 간식 행사 소식을 교회에 다니지도 않는 누나가 가장 먼저 알아 왔어. 덕분에 햄버거를 받아서 같이 맛있게 먹었지. 우리 아빠는 패스트푸드가 몸에 좋지 않다고 잘 사 주지 않거든. 누나가 온 동네 소식을 챙기는 건 그만큼 마음이 넓다는 뜻일지도 몰라.

내가 기분이 안 좋을 때마다 누나는 기가 막히게 눈치를 채. 다른 사람들은 잘 알아주지 못하는데 말이야. "무슨 일이야? 내가 다 들어 줄게." 누나가 말하면 뭐든 털어놓고 싶어져. 가끔씩 티격태격해도 내 투정에 공감해 줄 때면 참 듬직해. 뭐, 다시 생각해 보니 작은 비밀 정도는 누나에게 이야기해도 괜찮겠어.

나도 서연 누나처럼
다른 사람에게 관심을 기울이고 싶어.
많은 이야기를 들어 줄 수 있도록
누구보다 마음이 넓은 사람이 되어야지.

유머 감각이 뛰어나

조예준

내 짝꿍 예준이는 우리 반에서 가장 웃겨. 쉬는 시간마다 친구들이 주변을 떠나지 않아. 재미있는 이야기를 지어내고, 학교 선생님이나 연예인 흉내도 잘 내. 우리는 수업 시간에 연습장에 글씨를 적으며 대화하는데 웃음을 참느라고 힘들어. 한번은 참지 못하고 웃음이 빵 터지는 바람에 교실 앞으로 불려 나간 적도 있지.

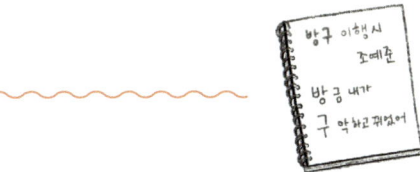

예준이는 공부에 별로 흥미가 없는 것 같아. 수업 시간 내내 딴짓만 하지. 그런데 장래 희망 발표 시간에 예준이는 남을 웃기는 사람이 되고 싶다고 이야기했어. 다들 아이돌이나 의사, 변호사 같은 꿈을 이야기할 때 말이야. 사람들의 웃는 얼굴을 볼 때 보람을 느낀다고 발표하는 예준이가 새삼 멋져 보였어.

수업 시간에 자꾸 한눈을 팔게 하지만 예준이가 짝꿍이라서 좋은 점이 많아. 친구가 많은 예준이랑 친해져서 다른 아이들과도 많이 가까워졌어. 지난번에는 다른 학교 친구들도 소개해 줘서 재미있게 놀았지. 예준이는 서로 모르는 친구들끼리 연결해 줘서 친해지는 걸 볼 때 뿌듯하대.

　예준이랑 지내다 보니까 웃을 일이 정말 많아. 그래서 내 성격도 점점 더 밝아지고 있어. 친하게 지내면 지낼수록 환하게 물들어 가는 것 같아. 6학년이 되어서도, 중학교에 올라가서도 함께하면 좋겠어. 그때도 우리가 짝꿍이면 좋겠어.

나는 아무리 노력해도
예준이처럼 유머 감각이 뛰어나지는 못할 것 같아.
각자 잘하는 게 다른 법이니까.
나는 웃는 일에 자신 있으니까
예준이가 웃겨 줄 때마다 환하게 웃어야지.
그럼 우리는 정말 잘 어울리는 짝꿍이 될 거야.

우리 반 회장 윤지우는 지금까지 한 번도 학급 회장 자리를 놓친 적이 없대. 아마 내년에는 전교 회장이 되겠지. 나는 작년에도 회장이 아니었고 지금도 아니고 내년에도 아닐 거야. 마음만 먹으면 나도 회장이 될 수 있지만 귀찮은 일은 딱 질색이거든.

지우는 회장이라고 좀 잘난 척하듯이 굴 때가 있어. 자습 시간에 떠드는 애들이 있으면 대뜸 앞으로 나가서 칠판에 이름을 적기도 해. 선생님이 없으면 자기가 선생님 대신이라나. 저번에는 한 번만 내 이름을 지워 달라고 부탁했는데도 들어주지 않아서 결국 혼이 나고 말았어. 게다가 사소한 문제라도 생기면 정말 선생님이라도 된 것처럼 막 나서고 그런다니까.

항상 앞장서는 지우가 얄미울 때도 있지만 멋있다고 느낄 때도 있어. 한번은 동환이가 컴퍼스에 손등을 찔려서 피가 찔끔 났어. 다들 놀라서 웅성거리기만 했는데 지우가 얼른 데리고 보건실로 가더라. 그리고 이따가 함께 돌아왔어. 다들 감탄했더니 반장으로서 당연히 해야 할 일을 했다며 어깨를 으쓱하더라고.

지난 체육 시간에는 달리기를 하다가 내가 넘어져 버렸어. 애들이 모두 웃는 바람에 창피해서 왈칵 눈물이 났지. 그런데 앞서 달리던 지우가 되돌아와서 나를 일으키고 더러워진 옷도 털어 줬어. 뛸 수 있겠냐고 물어보더니 "포기하지 말고 끝까지 같이 달리자!"라고 하더라고. 결국 우리는 나란히 결승선까지 도착했지.

나도 지우처럼
앞장서서 주변을 잘 살피고 싶어.
친구나 가족 중에서 힘들어하는 사람이 없는지
미어캣처럼 요리조리 둘러볼 거야.
도움이 필요해 보이는 사람이 있다면
언제라도 먼저 말을 걸어야지.

나는 학교 글쓰기 숙제를 하는 일기장과 비밀 일기장이 따로 있어. 공식적인 일기장과 다르게 비밀 일기장은 나 혼자 쓰고 읽기 때문에 어떤 이야기라도 적을 수 있지. 시시콜콜한 일상은 물론이고 남들에게 보여 주기 부끄러운 고민이나 비밀을 남기는 편이야.

가끔 일기 쓰는 게 귀찮을 때도 있지. 그래도 예전에 쓴 일기를 다시 읽으면 내가 이런 생각을 했었나 싶어. 부끄러우면서도 재미있어. 시간이 흐를수록 기억이 희미해지기 마련인데 일기장은 꼭 타임머신 같아. 지나간 순간으로 다시 돌아가게 해 주니까 말이야.

늘 같은 하루를 보내는 것 같더라도 그날그날 다가오는 느낌이나 생각이 달라. 운동회 날은 눈 깜짝할 사이에 지나가는데 시험 기간은 엄청 길게 느껴지는 것처럼 말이야. 기쁜 소식이 생기거나 속 썩이는 고민이 있을 때, 아무런 일이 없을 때도 비밀 일기장은 늘 그 자리에서 내 이야기를 들어 줘. 어떤 날은 한 줄만 적고, 어떤 날은 그림을 그리기도 해.

혹시라도 누가 볼까 봐 내 방 어딘가에 비밀 일기장을 꼭꼭 숨겨 두었어. 냄새를 잘 맡는 코코도, 눈치가 빠른 내 동생도, 가끔 내 방이 돼지우리 같다고 하는 엄마와 아빠도 찾지 못할 걸. 어디에 숨겼는지 궁금하다고? 후후. 비밀이야, 비밀!

늘 같은 자리에 있는 비밀 일기장처럼
나도 한결같은 사람이 될 수 있을까?
다른 사람의 기쁨과 슬픔을
매일매일 묵묵히 들어 주는
일기장 같은 사람이 되고 싶어.

우리 반 담임 선생님은 내가 아는 어른 중에서 가장 똑똑해. 국어, 수학, 영어까지 모르는 게 없어. 다른 반에 무서운 선생님들도 많은데 우리 반 선생님은 친구 같아서 좋아. 반 친구들이 말썽을 부려도 크게 혼내지 않지. 물론 선생님과의 약속을 어겼을 때마다 엄한 표정을 짓기는 해.

선생님이 숙제를 자주 내 주는 편은 아니지만 나 역시 숙제를 자주 하는 편은 아니야. 저번에 숙제 검사를 할 때도 걸릴까 봐 긴장하고 있었거든. 그런데 선생님이 1분단까지만 검사하더니, 다들 잘해 와서 나머지는 약속을 지킨 걸로 믿겠다고 하지 뭐야. 휴, 정말 다행이었어. 양심에 조금 찔렸지만 말이지.

"사소한 약속이라도 잘 기억하고 꼭 지켜야 해." 선생님이 입버릇처럼 하는 말이야. 칠판 옆 게시판에는 모두가 함께 정한 규칙들이 붙어 있어. '잘못했을 때 먼저 사과하기' '고운 말 사용하기' '친구가 발표할 때 딴짓하지 않기' 같은 것들이지. 서로서로 한 약속이니 다들 꼭 지키려고 노력하고 있어. 그러다 보니까 친구들끼리 다툴 일이 훨씬 줄어들었어.

선생님이 노래를 아주 잘한다는 소문을 들은 적 있어. 하지만 우리가 아무리 불러 달라고 부탁해도 들어주지 않았지. 대신 선생님은 이렇게 약속했어. "한 달 동안 아무도 지각을 하지 않으면 생각해 보겠어요." 한 달째 모두가 일찍 등교한 날 아침에 교실을 가득 채운 선생님의 노랫소리로 학교는 콘서트장이 되었어.

어떻게 해야 임서현 선생님처럼
약속을 잘 지킬 수 있을까?
손가락을 걸고 약속하는 건
마음과 마음이 하나로 묶인다는 의미일 거야.
선생님이 우리를 믿어 준 만큼
믿음직스러운 사람이 되도록 노력해야지.

마음이 느긋해

장영수

장영수 선생님은 우리 학교 보안관이야. 어쩌다 가끔 내가 먼지보다 작은 것처럼 느껴질 때가 있잖아. 우울한 날에는 학교 가는 발걸음도 느려져서 지각할 때가 있는데 선생님은 정문에서 반갑게 우리를 맞이해 주지. 우리 할아버지보다 나이가 많을 텐데 하루도 빠짐없이 말이야. 그런 부지런함을 배우고 싶어.

지루한 수업 시간이면 시간표를 들여다보는 것도 재미있잖아. 식단표를 보면서 맛있는 급식이 나오는 날에 색칠을 하거나 말이야. 그럴 때 창밖을 내다보면 장영수 선생님이 콧노래를 부르면서 청소하고 있어. 선생님의 성격은 아주 느긋해 보여. 너무 여유로워서 멀리서 보면 마치 거북이가 걸어가는 것 같아. 느릿느릿 화단을 정리하다가 다음 날 이어서 하는 걸 속으로 응원하는 재미가 있어.

우리 학교 뒤뜰에는 토끼우리가 있어. 전교생이 차례로 돌아가면서 토끼들에게 밥을 주지. 내 순서가 돌아와서 마른풀을 나눠 주고 시간이 남아서 청소까지 하는 중이었어. 그때 장영수 선생님이 천천히 나를 향해 걸어왔어. "너는 손도 빠르고 마음씨도 참 곱구나." 멀리서 계속 날 지켜본 걸까? 슬쩍 건네받은 사탕은 잘 녹지도 않고 아주 맛있더라고.

물론 장영수 선생님이 느긋하기만 한 건 아니야. 체육 대회 날 운동장 스프링쿨러가 고장 나서 친구들이랑 물벼락을 맞은 적이 있거든. 체육 대회를 망칠 뻔했는데 선생님이 달려와서 금방 고쳐 줬어. 그 순간만큼은 영화나 드라마에서 불길로 뛰어드는 소방관보다도 훨씬 날렵해 보였지.

나도 장영수 선생님처럼
느긋한 마음을 가지고 싶어.
조급하게 서두르다 보면
될 일도 안 될 때가 많으니까.
그래도 누군가에게 내가 필요할 때는
바람처럼 날아갈래.

자신감이 넘쳐

홍보라

나랑 같은 영어 학원에 다니는 보라는 세계 최고의 댄서가 되는 게 꿈이래. 언제 어디서나 자기가 춤추는 모습을 촬영해. 남들 시선은 별로 신경 쓰지 않아. 춤 영상을 올리는 계정도 있는데 조회 수가 꽤 나오나 보더라고. "나한테 미리 사인 받아 두는 게 좋을걸?" 함께 영상을 볼 때마다 보라는 무척 뿌듯해 하지. 주변에 유명인이 있다니 신기해.

보라네 엄마, 아빠는 보라가 춤추는 걸 좋아하지 않는 것 같아. 지금은 중요한 시기이기 때문에 공부에 더 집중해야 한다고 말한대. 춤추는 걸 들킬 때마다 휴대폰을 뺏기고 용돈도 끊겨서 보라가 여러 번 울기도 했어. 우리가 갈 수 있는 길이 진짜 하나밖에 없는 걸까?

"그래도 나는 절대 포기하지 않아." 보라는 방송에 나오는 댄서들처럼 자기도 화려한 무대를 누비는 댄서가 될 거라고 장담하지. 어디서 그런 마음이 자라는지 궁금해. 보라의 자신감이면 무슨 일이든 해낼 거야. 학원 옥상에서 보라가 춤추는 모습을 내 휴대폰으로 대신 촬영해 주면서 속으로 응원했지. 할 수 있어, 할 수 있어.

자신의 꿈을 이루기 위해 시간과 열정을 쏟는 건 정말 멋진 일이야. 나중에 보라가 엄청 유명해지면 나는 옆에서 가장 많이 응원해 줬으니까 스타의 친구가 되는 거야. 그러다가 나까지 유명해지면 어떡하지?

어떻게 해야 보라처럼
자신감을 가질 수 있을까?
틈날 때마다 보라를 관찰하면서
그 방법을 배워야겠어.
내 마음속에서도
자신감이 퐁퐁 피어날 수 있도록.

요한이는 내가 제일 좋아하는 게임 속 친구야. 한 번도 실제로 만난 적은 없지만 정해 놓은 시간마다 같이 게임을 해. 오래 함께하다 보니까 이제 굳이 이야기하지 않아도 서로의 생각을 읽을 수 있을 정도야.

요한이는 이기고 지는 것에 별로 관심이 없어. 사실 우리는 이길 때보다는 질 때가 더 많거든. 그래도 요한이는 화를 내지 않아. 이겼을 때도 나처럼 크게 흥분하지 않지. "게임은 즐겁기 위해서 하는 거야." 이게 무슨 답답한 소리일까? 게임은 이기기 위해서 하는 거 아니었어?

계속 요한이랑 게임을 하다 보니까 나도 익숙해졌어. 스트레스를 풀려고 게임을 하는데 짜증이 나면 안 되잖아. 그래서 언제부턴가 남들이 하는 대로 따라서 플레이하지 않고 우리가 하고 싶은 대로 마음껏 놀기 시작했어. 즐겁게 게임하는데 정해진 규칙 같은 건 없으니까.

게임 속 세상을 알록달록하게 색칠하자. 얼마든지 다시 시작할 수 있으니까 용감하게 뛰어들어도 괜찮아. 시공간에 얽매일 필요도 없어. 이 안에서는 무엇이든지 마음대로 늘리고 줄일래. 흩어졌다가 모였다가 가끔은 이기기도, 때로는 지기도 해. 결과에 상관없이 우리가 함께하고 있다는 사실만으로도 신나.

나도 요한이처럼
기분을 잘 다스리고 싶어.
마음대로 되지 않는 일이 있더라도
주변 사람들에게 심술부리지 말아야겠지.
한발 물러서서 차분하게 바라보면
화나던 일도 별거 아닐 거야.

하은이는 나와 에스앤에스(SNS) 친구야. 인터넷 커뮤니티에서 처음 친해졌어. 같은 아이돌 그룹을 좋아해서 자연스럽게 이야기를 나누기 시작했거든. 시간이 흐른 후에 나이를 물어봤는데 알고 보니까 동갑이었어.

하은이와 나는 그림을 그리거나 글을 써서 에스앤에스에 올리기도 해. 하은이가 올리는 게시물을 보고 대단하다고 했더니 처음엔 잘하지 못했는데 열심히 연습하다 보니까 이 정도라도 할 수 있게 되었다고 하더라. 내가 그림이나 글이 잘 풀리지 않아서 고민할 때 하은이는 가만가만 공감해 줘. "나중에 같이 화가나 작가로 활동하면 재미있겠다!" 하은이의 이야기를 들으니까 괜히 가슴이 두근거렸어.

하은이랑 이야기를 나누다 보면 왠지 마음이 몽글몽글해져. 마치 비밀 일기장 같아. 가까운 친구들이나 가족에겐 말 못 할 이야기도 털어놓을 수 있어. 하은이가 공감해 주면 기쁨은 두 배로 커지고, 슬픔은 반으로 줄어들어.

기쁜 일이든 슬픈 일이든 진심을 다해 공감해 주는 사람이 있다는 건 정말 행복한 일이야. 나의 이야기를 잘 들어 준다는 건 그만큼 나를 이해하려고 노력한다는 뜻이겠지. 물론 하은이가 내 고민을 당장 해결해 줄 수 있는 건 아니야. 하지만 친구를 위해 언제 어디서든 귀를 열고 손을 내밀어 주는 마음이 너무 소중해.

나도 하은이처럼
상대방의 이야기를 잘 들어 주고 싶어.
실제로 곁에 없더라도
서로의 마음이 전해진다면 같이 있는 거야.
언젠가 마주하는 날
우리는 어떤 표정으로 이야기를 나누게 될까?

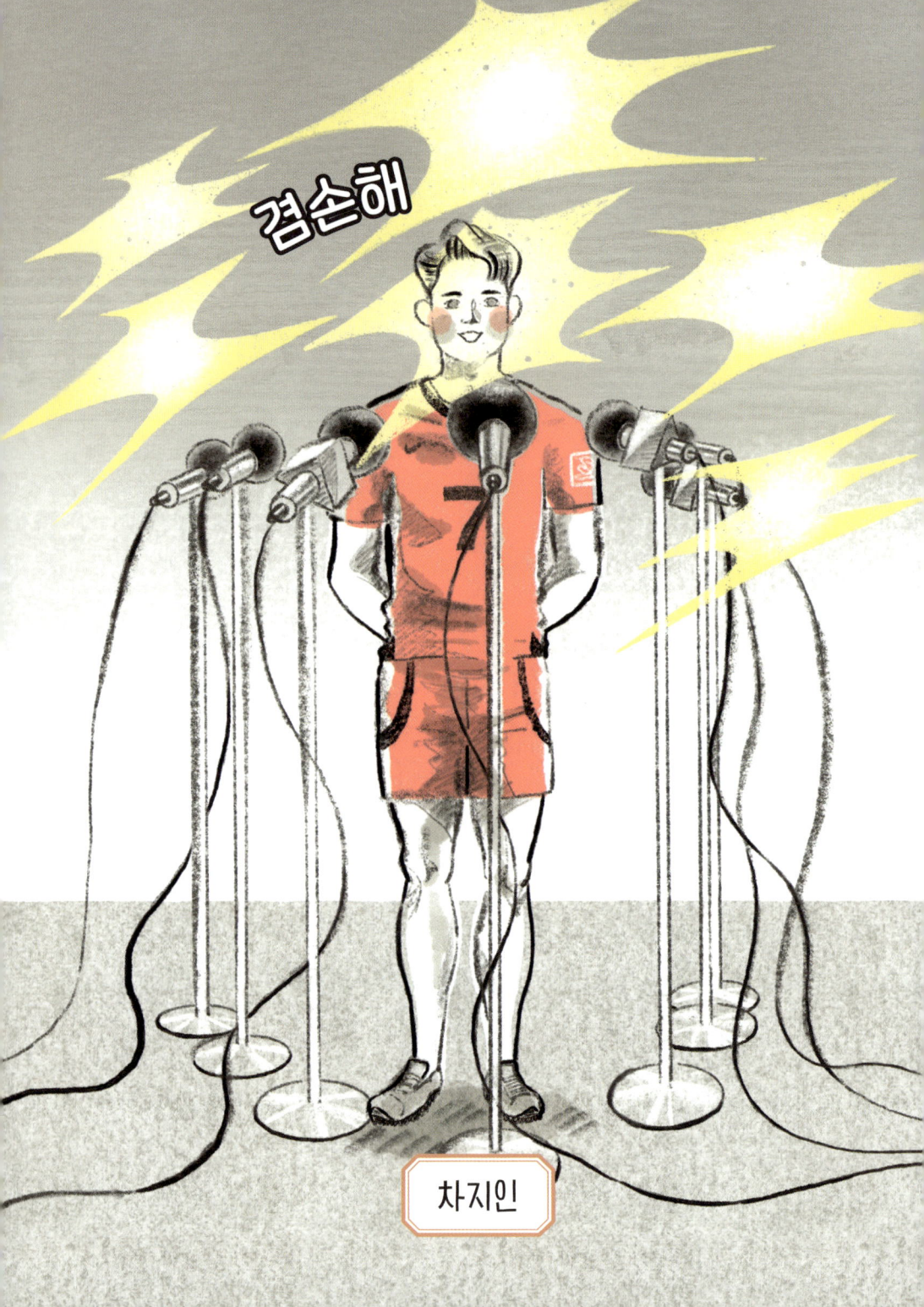

차지인은 내가 좋아하는 축구 선수야. 경기에서 골을 넣을 때마다 뉴스에 나와. 멋지게 활약하는 모습을 볼 때마다 가슴이 벅차오르지. 나도 한 번쯤 그렇게 주목받으면서 많은 사람에게 환호를 받고 싶어.

차지인 선수는 정말 유명하지만 거만하게 굴지 않아. 경기가 잘 안 풀려도 화를 낸 적이 한 번도 없어. "동료들이 도와준 덕분에 오늘 결승골을 넣을 수 있었습니다." 내가 마이크 앞에 서도 그렇게 이야기할 수 있을까? 언제나 겸손한 모습이 차지인 선수를 더욱 빛나게 해.

며칠 전 반 대항 축구 대회 때 우리 반은 전교에서 축구를 가장 잘하는 정국이네 반과 한판 붙었어. 그런데 정국이가 세 골이나 넣고 우리를 놀리는 바람에 다투고 말았어. 너무 약 오르는 거 있지? 신나게 세리머니를 하는 정국이가 부러워서 질투가 나기도 하고 말이야. 그날은 내내 속상했어.

그다음 날 차지인 선수의 경기가 있었어. 그런데 차지인 선수가 멋지게 골을 넣고도 세리머니를 하지 않는 거야. 얼마 전에 있었던 안타까운 사고에 대한 애도의 의미였대. 오랜만에 골을 넣어서 누구보다 기뻤을 텐데 역시 생각이 깊은 사람인 것 같아. 내일은 넓은 마음으로 내가 먼저 정국이에게 찾아가서 화해하자고 말해야지.

나도 차지인 선수처럼
겸손한 태도를 가질 수 있을까?
자랑하고 싶은 일이 있어도
꾹 참을 수 있을까?
아무래도 쉽지 않겠지만
차지인 선수를 떠올리면서 노력해 볼 거야.

내가 좋아하는 프로 게이머 이규형 선수는 열여섯 살에 데뷔해서 세계 대회에서 여러 차례 우승했어. 어릴 때부터 자기가 잘하는 일을 찾고 열심히 노력해서 세계 최고의 자리까지 올라가다니 정말 놀라워. 먼 훗날 내가 열여섯 살이 되었을 때 나는 무얼 하고 있을까? 나도 무언가로 세계 최고가 될 수 있을까?

"저는 오직 게임을 위해 1년 365일, 하루 24시간의 계획을 짭니다." 책상 앞에 한두 시간만 앉아 있어도 지겨워서 엉덩이가 쑤시는데, 게임도 하루 종일 규칙을 세워서 한다면 질릴 것 같아. 이규형 선수는 세계 최고의 프로 게이머가 되기 위해 운동도 열심히 하고 식단도 철저히 관리했대. 10년도 넘게 말이야!

물론 이규형 선수도 의지가 흔들리는 순간이 있었대. 그럴 때마다 더욱 자신을 믿으면서 계획을 잘 지키려고 노력했대. 사실 나는 내가 뭘 좋아하는지 아직 잘 모르겠어. 남들은 하나씩 가진 재능도 나한테는 없는 것 같아. 어쩌면 내 친구들도 말은 안 하지만 모두 미로 속에서 헤매고 있다고 느낄까?

생각해 보면 이규형 선수도 10년 동안 완벽하지만은 않았어. 때로는 우승을 눈앞에 두고 패배해서 눈물을 흘리기도 하고 팬들에게 비난받기도 했지. 그래도 스스로 정해 놓은 목표를 향해서 쉬지 않고 걸어가다가 결국 다시 한번 정상의 자리에서 트로피를 들어 올렸어. 어쩌면 자신을 믿는 용기가 가장 중요할지도 몰라.

나는 아무리 생각해도
이규형 선수처럼 계획적이지 못할 거 같아.
계획대로 움직이는 것보다
마음을 따라서 움직이는 게 좋으니까.
그래도 이규형 선수를 따라서
작은 약속부터 하나씩 만들고 지켜 나갈래.

나는 매주 정수아 작가의 웹툰을 챙겨서 봐. 순위가 최상위권은 아니지만 독자들 사이에서 점점 입소문을 타고 있지. 처음 연재할 때부터 보기 시작했는데 다른 만화와 다르게 독특한 재미가 있으면서도 감동적이기까지 해서 마음에 들어. 결말이 어떻게 될지 너무 궁금해.

　정수아 작가는 종종 마감에 늦을 때도 있어. 그런데 내가 미술 시간에 그림을 그려 보니까 한 장을 완성하기도 너무 힘들던걸. 계속 재미있는 만화를 그리기만 한다면 이 정도는 너그럽게 기다려 줄 수 있어. 정수아 작가는 늦을 때마다 작업 후기를 남겨. "이번 화는 주인공의 액션을 한 컷 한 컷 근사하게 묘사하고 싶었어요." 무엇이든 진심으로 대하는 태도가 정수아 작가의 인기 비결이야.

예전에 정수아 작가가 방송 프로그램에서 일상을 공개한 적이 있어. 거의 온종일 작업실에서 만화만 그리더라고. 자기 일에 진지하게 집중하는 모습이 눈길을 끌었어. 인터뷰에서는 만화로 세상에 좋은 영향을 주고 싶다고 하더라. 정수아 작가의 진지한 면을 본 뒤로는 만화를 더욱 집중해서 감상하게 되었지. 그러니까 무심코 지나쳤던 장면들도 마음 깊이 와닿았어.

어떤 어른들은 만화를 보는 걸 시간 낭비라고 말하지만 그렇지 않아. 만화에는 기쁨과 슬픔이 있고 여러 사람의 인생이 있어. 만화 속 세상으로 빠져들면 온갖 이야기의 주인공이 된 것 같은 기분이야. 이렇게 진지하게 만화를 대하다 보면 만화도 나에게 진지한 교훈을 준다고 생각해.

나도 정수아 작가처럼
언제나 진지할 수 있을까?
나는 코코처럼 장난을 좋아해서
아무래도 그건 어려울 것 같아.
하지만 내가 정말 하고 싶은 일을 찾으면
진지한 마음으로 최선을 다할 거야.

내가 좋아하는 아이돌 그룹의 멤버인 유민현 형은 랩도 잘하고 춤추는 모습도 멋있어. 인기가 엄청 많은데도 여전히 소속사에서 연습을 가장 열심히 한대. 언제 어디서든지 웃는 얼굴로 춤추고 노래하는 모습을 보고 있으면 어쩐지 나까지 힘이 나서 활짝 웃게 돼.

　민현 형은 외국에서 살다 와서 가끔 말실수를 해. 그래서 비난을 받은 적도 있어. 데뷔 초에 운 좋게 사인회에 당첨되어서 만났는데 그때도 내 이름을 잘못 적고는 아직 우리글을 공부하는 중이라며 사과하기도 했지. 내가 형처럼 되고 싶다고 했더니 "그렇게 되면 꼭 이 사인을 들고서 다시 찾아와 줄래?"라며 주먹 인사를 건네더라. 환한 미소와 함께 말이야.

민현 형은 나랑 나이 차이가 많이 안 나는데도 한참 어른스러워 보일 때가 많아. 이번 신곡은 생각보다 반응이 크지 않았지만 실망하는 티를 내지 않았어. 누구보다 공들여 준비했을 텐데 평소처럼 웃는 얼굴을 유지하더라고. 오히려 개인 라이브 방송에서 팬들을 위로해 줬지. 환하고 맑은 미소가 주변 사람들까지 행복하게 해.

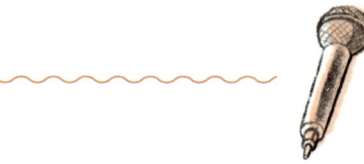

　같은 팀 멤버들의 말로는 쉬는 시간이나 차로 이동할 때도 늘 밝은 표정이래. 나도 무슨 일을 하든지 그렇게 웃음을 잃지 않을 수 있을까? 중요한 건 무슨 일이 다가오더라도 긍정적인 마음을 지켜 내는 거야. 매 순간 웃으면 매일이 좋은 일들로 가득해지겠지. 변함없이 웃는 얼굴로 노력해서 결국 대상까지 수상한 민현 형처럼 말이야.

나도 민현 형처럼
언제나 웃을 거야.
슬프고 괴로운 일이 생겨도
긍정적으로 이겨 낼 거야.
사랑하는 사람들과 함께
환하게 웃으며 살아갈 거야.

뜨거운 태양이 내리쬐는 여름엔 지쳐서 철퍼덕 늘어지고만 싶어. 그때 아빠가 식탁에서 크고 둥근 초록 수박을 쩍 쪼개면 새빨간 속이 드러나지. 달콤한 맛을 상상하는 것만으로도 맑은 바다에 풍덩 빠지는 듯한 기분이 들어. 새빨간 수박을 보고 파란 바다가 떠오르다니, 참 신기한 일이야.

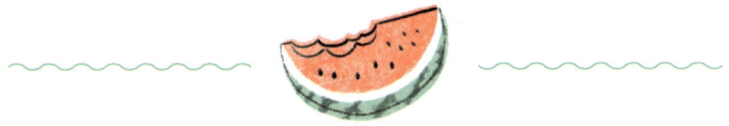

우리 가족은 다 함께 둘러앉아 수박을 먹다가 수박씨를 위로 뱉어서 얼굴에 붙이는 놀이를 해. 내가 우리 가족 중에서 제일 잘하지. 사실 어릴 때는 수박씨를 삼키면 배 속에서 수박이 자라는 줄 알았어. 실수로 삼켜 버린 날에는 엉엉 울었지 뭐야. 배가 수박처럼 빵빵하게 부풀까 봐 한동안 얼마나 걱정했는지 몰라.

시골에 있는 우리 할아버지도 수박을 좋아해. 생각해 보니까 겉이 단단하지만 속은 부드럽다는 점까지 비슷하네. 겉으로 보기에 할아버지는 무섭고 무뚝뚝해 보이지만 전혀 그렇지 않아. 누구보다 친절하고 다정해. 나한테는 더욱더 그렇지. 이야기하다 보니 할아버지와 함께 수박을 먹던 지난여름이 떠올라.

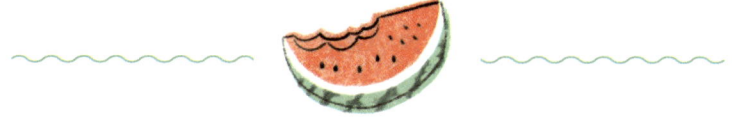

잘 익었는지 껍질을 두드리는 건 들어가도 되는지 정중하게 물어보는 노크 같아. 수박이 통통 소리를 내는 건 들어와서 속마음을 봐도 좋다고 허락하는 거지. 생긴 건 단순한데 수박주스, 수박화채 등등 먹는 방법도 질리지 않고 다양해. 여름을 1년으로 쭉쭉 늘여서 수박만 먹고 싶어!

나도 수박처럼
겉보기와 다른 매력을 가지고 싶어.
사람이든 과일이든
겉모습만 보고 판단하면 안 되는 거야.
내 속이 얼마나 환한지 알면
다들 깜짝 놀랄걸?

아빠의 아빠인 할아버지는 우리 집과 먼 시골에 살아. 명절에 내려가면 강아지 백구와 함께 마당에서 우리를 반겨 줘. 명절이 매주 돌아와서 더 자주 찾아가면 좋겠어. 아침 일찍 일어난 할아버지가 늦잠 자는 우리를 깨워서 뒷산으로 데리고 올라갈 때는 조금 힘들기도 해. 지난 추석에는 중간도 못 올라갔는데 쓰러지는 줄 알았다니까.

"우리 강아지, 오늘은 무슨 이야기를 들려줄까?" 할아버지 무릎에 누워서 이런저런 옛날 이야기를 들으면 잠이 솔솔 쏟아지지. 하지만 꼭 중간에 이야기가 옆으로 새서 나더러 훌륭한 사람이 되어야 한대. 훌륭한 사람이란 뭘까, 꼭 훌륭한 사람이 되어야 할까 곰곰이 생각하다 보면 머리가 지끈지끈 아파서 잠도 다 달아나.

할아버지는 어떤 이야기를 하든지 내 생각도 꼭 물어봐. 그리고 좋아하는 일을 하며 건강하게 사는 게 최고라고 덧붙여. 티브이에 나오는 사람들처럼 노래나 연기를 할 수도 있고, 요즘은 컴퓨터나 로봇과 관련된 직업이 인기라는 이야기를 들었다고 전해 주기도 하지.

나이가 많아지면 다른 사람의 이야기를 잘 듣지 않는다는데 우리 할아버지를 보니까 그렇지 않아. 나이보다는 상대방을 이해하려고 노력하는 마음이 중요한가 봐. 나와 다른 의견에 귀 기울이면 반드시 배울 점이 있어. 앞으로는 친한 친구들의 이야기라도 끊지 말고 끝까지 듣는 습관을 들여야지.

나도 할아버지처럼 주변 의견에 귀 기울이고 싶어.
내 의견만 고집하지 않고 상대방의 마음을 헤아려 볼 거야.
그렇게 마음을 기울여 대화하다 보면 누구와도 가까워질 수 있을 거야.

엄마의 엄마인 할머니는 우리 집과 가까운 곳에 살아. 그래서 나 혼자서도 자주 놀러 가. 할머니는 내가 갈 때마다 달콤한 과자와 음료수를 꺼내 줘. 엄마한테는 비밀이야. 가끔 엄마, 아빠한테 혼난 다음에 할머니에게 이르면 항상 괜찮다고 위로해 줘서 기분이 조금 나아져. 할머니랑 같이 살면 예쁨만 받을 텐데.

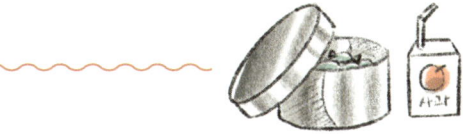

할머니는 경로당에서 무슨 일이 있었는지 하나하나 이야기를 들려줘. 작년에 열린 동네 노래 대회에서는 우승을 했대. 상품으로 전기장판을 받았다고 몇 번이나 자랑했지. 벌써 열 번도 넘게 들은 이야기지만 들을 때마다 처음인 것처럼 박수를 쳐 주고 있어.

같은 이야기만 반복하는 게 아니야. 내가 몇 학년인지도 매번 물어보고 가끔은 나와 동생의 이름을 바꿔서 부르기도 해. 그럴 때마다 나는 할머니한테 섭섭해서 토라지지. "서준아, 내가 요즘 들어 자꾸 깜빡깜빡하네. 속상하게 해서 미안해." 그럼 나도 짜증을 낸 게 미안해서 머쓱해져. 우리는 서로 사과하고 정답게 화해하지.

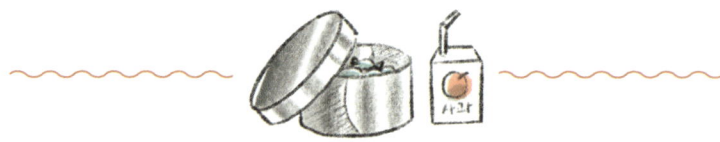

비슷한 이야기라도 얼마든지 들어 줄 테니까 할머니가 나를 영영 잊지 말았으면 해. 할머니가 나를 까먹어 버리면 너무 슬플 거야. 앞으로는 내 이야기를 기억하지 못해도 화내지 않겠다고 다짐했지. 오래오래 할머니랑 같이 과자와 음료수를 나눠 먹으면 좋겠어.

나도 할머니처럼
잘못을 인정할 줄 알고 싶어.
사람은 누구나 실수하기 마련이니까.
잘못을 인정하면 지는 것 같아도
절대로 그렇지 않아.
진심으로 뉘우치고 먼저 사과하는 게 용기야.

엄마 동생인 삼촌은 할머니랑 같이 살아. 할머니와 엄마는 삼촌이 아직 철이 안 들었다고 구박해. 삼촌이 나보다도 철없게 느껴질 때가 종종 있지만 나는 삼촌이 좋아. 삼촌만큼 나랑 재밌게 놀아 주는 어른은 별로 없거든. 유행하는 음식을 같이 먹고, 게임방도 데려가 줘. 당연히 엄마, 아빠에게 이야기하지도 않지.

"지금은 이 보 전진을 위해 일 보 후퇴하는 중이라고." 삼촌은 지금 회사에 다니지 않는 대신 몰래 준비하고 있는 일들이 많대. 나중에 자기가 잘되면 모두 깜짝 놀랄 거래. 구체적인 내용은 비밀이라고 하니까 나도 꼬치꼬치 캐묻지는 않아.

삼촌은 내 비밀도 잘 지켜 줘. 키가 안 커서 고민이라거나 옆 반인 준우랑 내기만 하면 지는데 아무렇지 않은 척해도 사실 분해서 잠을 못 잔다는 이야기 같은 건 삼촌만 알고 있어. 다른 어른에게 이야기하면 막 웃을 텐데 삼촌은 절대 비웃지 않거든. 아무리 사소한 일이라도 하나하나 진지하게 들어 줘.

삼촌은 내 고민을 나보다 더 오래 생각하고 해결책을 제시해 주기도 해. 나이 차이가 나지만 친구들보다 가깝게 느껴질 때도 있어. 삼촌이 나랑 동갑이었다면 어땠을까? 삼촌도 초등학생일 때가 있었겠지? 이러나저러나 우리는 비밀을 나눠 가진 친구야. 나이가 달라도 마음을 나누면 누구와도 친구가 될 수 있어.

나는 삼촌처럼
입이 무겁지는 못할 거야.
비밀을 간직하고 있으면
입이 계속 근질근질하거든.
하지만 내 비밀은 말해도
다른 사람의 비밀은 꼭 지켜 줄 거야.

엄마의 언니인 이모는 언제나 차분해 보여. 웬만한 일에는 화를 내거나 놀라는 법이 없어. 가끔은 로봇 같아. 추석날 동생과 내가 뛰어다니다가 이모가 아끼는 꽃병을 깨뜨린 적이 있거든. 이모는 우리가 다치지 않았는지부터 확인했어. "애들이 놀다 보면 그럴 수도 있지." 크게 혼날 줄 알았는데 정말 다행이었어. 나중에 엄마한테 혼나기는 했지만.

"그럴 수 있지." 이모는 무슨 일이 생기더라도 입버릇처럼 이야기해. 옷을 뒤집어 입었을 때도, 미용실에서 머리가 잘못되었을 때도, 음식을 하다가 찌개가 끓어 넘쳤을 때도. 아무래도 정말 로봇이 맞지 않을까? 내가 유심히 지켜보는 중이야.

이모라고 모든 일을 무덤덤하게 흘려보내는 건 아니야. 해마다 우리 가족 생일을 까먹지 않고 기억해서 선물을 보내줘. 내가 백일장에서 상을 받았을 때도, 동생 그림이 상을 받아 학교에 걸렸을 때도 전화를 해서 축하해 주고 선물도 보내줬어.

이모가 웬만한 일들을 너그럽게 넘기는 건 무관심한 게 아니라 배려하는 방식이야. 나도 쉽게 용서하고 많이 축하하는 사람이 되어야겠다고 생각했어. 나쁜 일들은 빨리 잊어버리는 편이 좋으니까. 좋은 일일수록 더 크게 기뻐해야지. 생각을 조금만 바꾸면 즐거운 일들로 가득해질 거야.

나도 이모처럼
너그러울 수 있을까.
지진이 일어난 것처럼 당황스러워도
쉽게 흔들리지 않을 만큼
단단한 사람이 되고 싶어.

이모 아들인 도윤 형은 지금 군인이야. 휴가를 나오면 종종 우리 집으로 놀러 와. 처음에는 짧아진 머리가 어색했는데 자꾸 보니까 잘 어울려. 군복을 차려입은 모습도 늠름해. "충! 성!" 형은 나중에 나도 입대해야 한다고 말하는데, 나도 군인이 되면 형처럼 멋지게 경례를 해 보고 싶어.

나는 예전에 어린이집을 옮겼을 때 새로운 친구들을 사귀느라 힘들었거든. 그런데 형은 난생처음 가 보는 곳에서 처음 만난 사람들이랑 함께 밥도 먹고, 같이 씻고, 잠도 자면서 잘 지내고 있나 봐. 학교에서 가는 1박 2일 체험 학습과는 차원이 다를 텐데, 형은 정말 씩씩해.

형은 군대에서 겪은 일들을 많이 전해 줘. 바다에 뛰어든 적도 있고, 눈이 쌓인 산에서 텐트를 치고 잔 날도 있대. 말로만 들어도 쉽지 않을 것 같아. "처음에는 무서웠는데 막상 부딪쳐 보니 생각보다 할 만했어." 형은 처음 하는 일도 두려워하지 않는 용기가 있어. 그래서 어디서든지 적응을 잘하는지도 몰라.

내가 자전거 타는 법을 처음 배웠을 때가 떠올라. 그때 형은 떨고 있던 내게 할 수 있을 거라고 용기를 줬어. 그리고 자전거 뒤를 잡고 있던 손을 몰래 놓았지. 한참을 혼자 탄 후에야 뒤돌아본 순간, 그 짜릿했던 기분이 여전히 선명해.

나도 도윤 형처럼
새로운 환경에 잘 적응하고 싶어.
두려워하지 않고 마음을 열면
용기가 차오를 거야.
힘차게 자전거 페달을 밟듯이
모든 일에 용감하게 도전해 볼래.

이모 딸인 하윤 누나는 나랑 한 살 차이밖에 안 나서 우리 남매랑 가깝게 지내. 만날 때마다 친절하게 대해 주고 잘 웃어 주지. 동생 서윤이의 만들기 숙제를 도와준 적도 있고 내 생일에 케이크를 사 준 적도 있어. 사촌 누나랑 친남매였어도 좋았을 거야.

이모는 누나 자랑을 자주 해. 학교에서 항상 1등을 하고, 피아노도 잘 친대. 그리고 말썽을 하나도 안 피워서 잔소리할 일이 없다는 거야. 누나 방만 봐도 나와 다르기는 해. 정리 정돈이 너무 잘되어 있어서 내가 들어가는 것만으로 어질러지는 기분이지.

누나는 다 본 책을 나한테 선물로 주고는 해. 학급 문고나 도서관에서 인기 있는 책을 빌리면 너덜너덜하거나 지저분할 때가 많아. 그런데 누나가 준 책은 서점에서 파는 새 책과 다르지 않아. 밑줄도 긋지 않고 종이를 구기거나 책을 세게 펼쳐서 보지도 않나 봐. 누나 덕분에 재미있는 책을 많이 읽었지.

나는 음식을 먹을 때 자주 흘리는 편인데 누나는 밥알 한 톨 남기지 않고 그릇을 말끔히 비워. 저번에 내가 넘어져서 무릎을 다쳤을 때도 누나가 직접 소독하고 약을 발라 줬어. 누나가 깔끔해 보이는 건 보이지 않는 마음까지 깨끗하게 가꾸고 있기 때문일지도 몰라.

하윤 누나처럼
깔끔할 수는 없을 것 같아.
그렇게 생활하려면
아무래도 조금은 피곤할 것 같거든.
그래도 속마음을 반짝반짝 쓸고 닦아서
마음만은 깨끗한 사람이 되어야겠어.

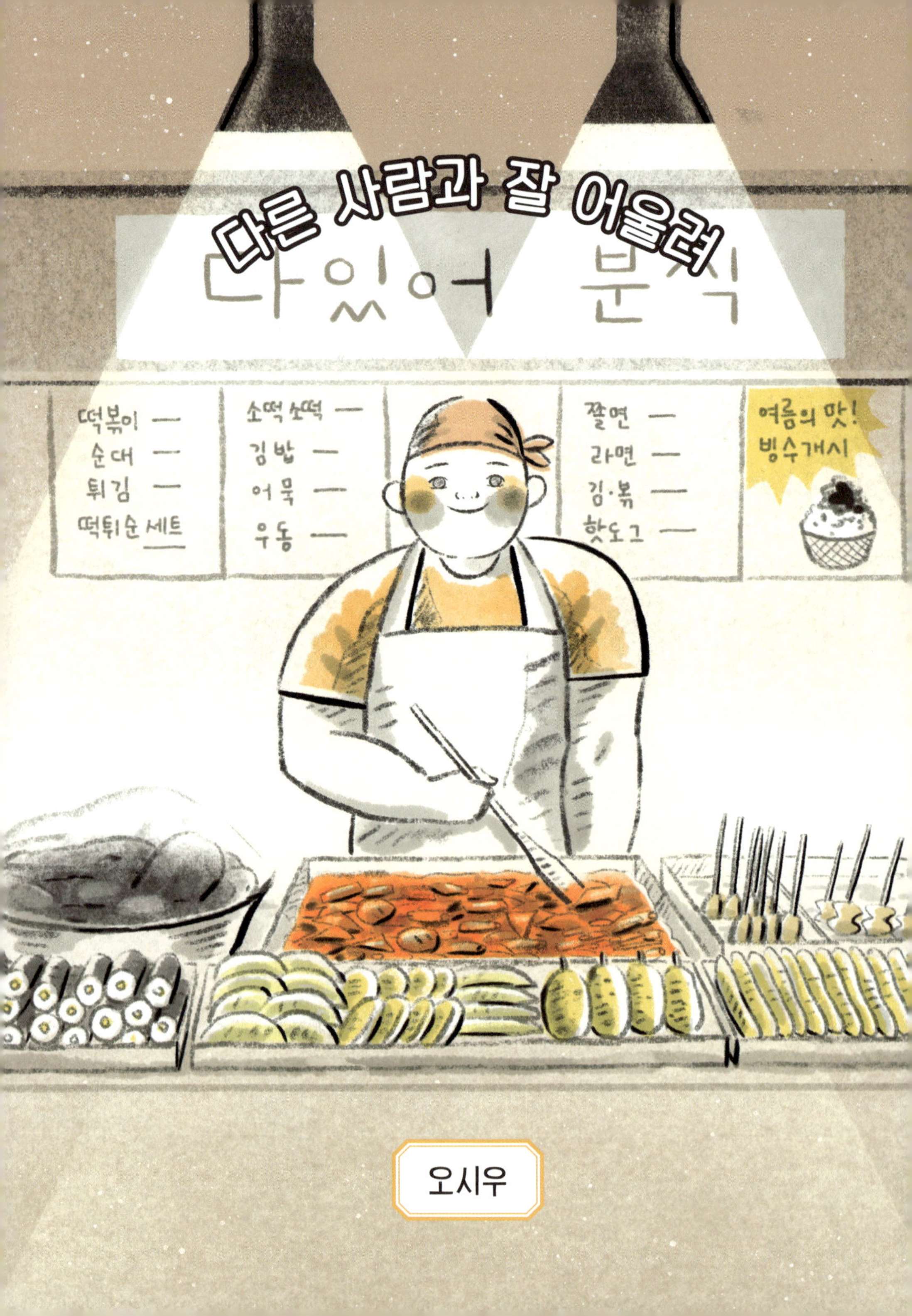
다른 사람과 잘 어울려
다있어 분식
떡볶이
순대
튀김
떡튀순 세트
소떡소떡
김밥
어묵
우동
쫄면
라면
김·볶
핫도그
여름의 맛!
빙수개시
오시우

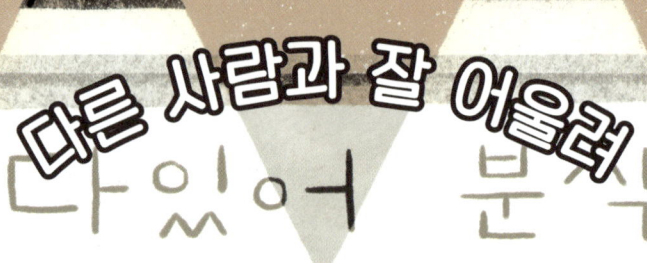

오시우 사장님은 못 하는 요리가 없어. 분식집 메뉴판을 쳐다보고만 있어도 어질어질한데 그 많은 메뉴를 다 외워서 조리할 줄 안다니 엄청나. 나는 암기 과목에서 애를 먹는데 사장님은 분명히 학교 다닐 때 공부도 아주 잘했을 거야.

사장님은 엄청난 수다쟁이야. 친구들끼리 분식점에 갔다가 사장님 이야기를 듣고 있으면 떡볶이와 어묵이 입으로 들어가는지 코로 들어가는지 모르겠어. 자식 이야기부터 어제 본 티브이 프로그램 이야기까지 시시콜콜 전하지. 매번 공부 열심히 하라는 말로 마무리하는데 여기가 학원인지 분식점인지 구분할 수 없어.

"오늘은 따님이랑 같이 오셨네요?" 사장님은 다른 동네 사람들이랑도 가깝게 지내. 지나가는 할아버지, 할머니랑 오래 수다를 떨기도 하지. 듣기로는 동네에서 배고픈 아이들에게 공짜로 음식을 만들어 주기도 한대. 누구에게나 다정하고 살가운 모습이 정말 존경스러워.

다른 어른들은 어린이에게 반말부터 하는데 사장님은 항상 친절하게 존댓말을 써. 그럼 왠지 우리도 존중받는 느낌이 들어. 덩치가 무척 커서 처음 만났을 때는 살짝 무서웠는데 알고 보니까 참 좋은 분이야. 사람은 겉모습만 보고 판단하면 안 되나 봐.

나도 오시우 사장님처럼
사람들과 잘 어울리고 싶어.
물론 갑자기 모두에게 친절하게 대할 수 없겠지만
먼저 반갑게 인사할 수는 있겠지.
작은 일부터 하나하나 시작할 거야.

신하준

신하준 경사님은 우리 동네 경찰이야. 언젠가 혼자 집을 나섰다가 깜깜해지는 바람에 그만 길을 잃어버린 적이 있거든. 사거리에서 엉엉 울던 나를 지나가던 아주머니가 파출소로 데려다줬어. 그때 경사님을 처음 만났지. 경사님은 내가 불안하지 않도록 아빠가 올 때까지 계속 말을 걸어 주었어. 그날 파출소에서 먹은 컵라면도 아주 맛있었지.

경사님은 이 동네가 고향이라서 모르는 게 없어. 예전에 마을 인터뷰 숙제를 하러 찾아갔을 땐 물어보지 않은 것까지 멈추지 않고 이야기하는 바람에 못 돌아올 뻔했어. 우리 동네에 몇 명이 살고 있는지도 알게 되었다니까. 몸이 불편한 할아버지, 할머니가 어디서 어떻게 지내는지도 알고 동네의 고장 난 시설도 다 외우고 있더라고.

우리 집 강아지 코코를 잃어버렸을 때도 경사님이 함께 찾으러 다녀 줬어. 거미줄처럼 복잡한 골목을 익숙하게 누비는 모습이 마치 탐정 같았지. "강아지가 숨을 만한 장소는 이쪽뿐이에요." 우리 가족은 경사님 덕분에 금방 코코를 찾았어. 경사님이 우리 동네를 지키는 것처럼 나도 더 소중하게 코코를 지켜 줘야겠다고 다짐했어.

경사님이 직업 소개 강연을 하러 우리 학교로 온 적이 있어. 아이들에게 도움이 되고 싶어서 두 발로 뛰며 이것저것 정보를 모았대. "모두가 조금씩 서로를 돕고 배려해서 경찰이라는 직업이 필요 없어지는 세상이 오면 좋겠습니다." 먼 미래까지 생각하는 경사님의 신념이 정말 인상 깊었지.

많이 안다는 건 잘난 척하기 위한 게 아니야.
더 많은 사람에게 도움을 주기 위한 지혜야.
나도 신하준 경사님처럼
아는 게 많아지고 싶어.
세상 모든 걸 다 알게 되어서
세상 모든 사람들에게 도움을 주고 싶어.

상냥해

서지유

서지유 선생님은 우리 동네 의사야. 내가 감기에 잘 걸려서 병원을 자주 가는 편이라 선생님은 물론이고 간호사 선생님들이랑도 친해졌어. 선생님은 약을 처방해 주고 주사를 놓아 주기도 해. 다른 병원에 가면 바로 낫지 않을 때도 많은데 선생님의 주사를 한 방 맞고 푹 자면 거짓말처럼 몸이 가벼워지지.

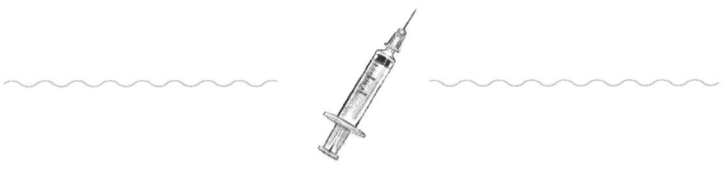

사실 나는 주사 맞는 걸 엄청나게 무서워해. 주삿바늘을 상상하기만 해도 눈앞이 캄캄하고 세상이 빙글빙글 돌아. 한번은 주사 맞는 게 싫어서 병원 바깥으로 도망치다가 다시 붙잡혀 간 적도 있지. 선생님은 나를 나무라지 않고 오히려 잘 참았다면서 사탕까지 줬어. 그 뒤로는 무서워도 병원 선생님들을 생각해서 꾹 참는 중이야.

내가 아픈 곳을 아빠가 대신 이야기해도 선생님은 나한테 한 번 더 자세하게 물어봐. 다른 병원에 가면 긴장해서 말을 꺼내기가 어려운데 선생님은 친구처럼 대해 줘서 좋아. 그래서 다른 의사 선생님들에게 이야기하지 못한 속마음도 술술 꺼내게 되지.

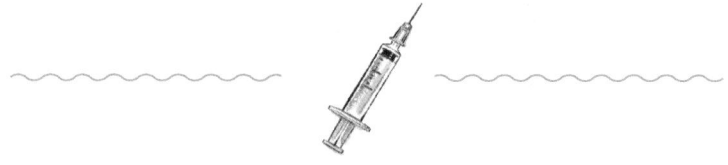

선생님은 언제나 상냥하지만 응급 상황에서는 누구보다 용감해. 예전에 진료를 받으려고 대기하고 있는데 코피를 쏟는 환자가 들어왔어. 보기만 해도 심장이 쿵쾅거렸는데 선생님이 뛰쳐나오더니 침착하게 응급 처치를 했지. 조마조마한 마음으로 지켜보던 사람들 모두 가슴을 쓸어내렸어.

나도 서지유 선생님처럼
상냥해지고 싶어.
주사 자국 위에 붙인
캐릭터 밴드처럼 감싸안아서
내가 사랑하는 사람들을 보듬어 줄 거야.

권주원 기사님은 우리 동네에 택배를 배달해 주는 분이야. 아빠가 주문한 옷도, 엄마가 주문한 화장품도, 나와 동생이 주문한 책도 전부 가져다줘. 산타클로스처럼 수십 개씩 무거운 상자들을 옮기는 걸 보면 굉장해. 내가 아는 사람 중에서 제일 힘이 세.

기사님은 힘든 기색을 보이지 않아. 아이들이 지나가면 상자를 든 채 옆으로 비켜 주지. 사람이 걸어오는 걸 보면 엘리베이터를 붙잡고서 기다리고 동네 주민들에게 먼저 밝게 인사를 건네. 내가 아는 사람 중에서 가장 씩씩해.

기사님은 다리도 엄청 튼튼한가 봐. 언젠가 엘리베이터가 고장 난 적이 있거든. 책가방을 메고 오르는 것도 힘든데 기사님은 상자들을 들고 5층까지 걸어 올라왔어. 나는 조금만 피곤해도 심술이 나는데 기사님은 무척 강한 것 같아.

엄마를 졸라 물건을 주문한 다음 택배를 기다리는 날이면 기사님은 아침 일찍 루돌프 썰매를 탄 것처럼 트럭을 몰고 나타나. 창밖의 새소리를 들으며 상자를 열 때면 크리스마스 선물처럼 두근두근해. 새벽부터 멀리서 운전했을 텐데 푹 자고 일어났을지 걱정돼. 나는 아침마다 일어나기 싫어서 엎드린 채로 엉덩이를 치켜들고 있는데…….

나도 권주원 기사님처럼
힘이 세고 씩씩하면 좋겠어.
튼튼한 체력으로 상대방을 잘 살피고
마음을 다해 도와줄 거야.
다른 사람을 위한 일은 부메랑처럼 돌고 돌아서
결국 나를 위한 일이 될 테니까.

황윤서 기사님은 우리 동네에서 마을버스를 운전해. 가끔 거칠게 운전하거나 전화 통화하는 분을 만나면 혹시 사고가 날까 봐 걱정인데 기사님은 신호도 잘 지키고 길모퉁이도 부드럽게 돌아. 너무 편안해서 깜빡 잠들었다가 종점까지 간 적도 있다니까.

한번은 집으로 돌아가려고 버스를 탔는데 주머니에 있던 교통 카드가 감쪽같이 사라졌지 뭐야. 한눈파는 사이에 흘려 버렸나 봐. 이대로 집에 못 갈까 봐 좌절했는데 다행히 기사님이 오늘은 그냥 타라고 배려해 줬어. 눈물이 찔끔 날 만큼 고마워서 가방에 있던 초콜릿을 선물했지.

"차가 멈춘 뒤에 조심히 일어나세요!" 기사님은 노인이나 몸이 불편한 사람이 버스에서 내릴 때 아무리 오래 걸려도 재촉하지 않고 기다려 줘. 황윤서 기사님은 인내심과 배려심이 뛰어나. 어쩌다가 빨리 내리라고 재촉하는 승객이 있으면 대신 말려 주기도 하지. 덕분에 안전하게 돌아가는 사람들을 보면 내가 다 고마워.

기사님은 사람들이 버스에 오를 때마다 먼저 인사를 건네. 인사를 나누고 자리에 앉으면 같이 버스를 몰고 운전하는 기분이야. 처음 만난 사람들이랑 함께 이대로 멀리 여행을 떠나도 즐거울 것 같아.

나도 황윤서 기사님처럼
인내심을 가지고 싶어.
무슨 일이 생겨도 흔들리지 않고
오래 참을 수 있도록 노력할 거야.
나무처럼 단단하고 굳은
마음을 가진 사람이 되어야지.

안지호 환경미화원님은 우리 동네를 빛내 주는 분이야. 매일 동네를 돌아다니면서 버려진 것들을 청소해. 학교와 학원을 다니다 보면 하루이틀쯤 빼먹고 싶은 날이 있는데 미화원님은 날마다 거리로 나와. 이분이 없다면 거리는 금세 쓰레기로 가득 찰 거야.

담배꽁초를 아무렇게나 버리는 사람이 있어. 벗긴 비닐이나 빈 음료 컵들을 휙휙 던져 버리는 사람도 있고. 크기가 작은 쓰레기는 코코처럼 지나가는 동물이 주워 먹고 배탈이 날 수 있어. 강이나 바다로 흘러 들어가면 우리가 마시는 물도 오염되겠지. 그렇게 버려진 물건들 뒤를 따라다니면서 미화원님이 깨끗하게 치우는 거야.

미화원님은 비가 오나 눈이 오나 거리로 나와서 청소를 해. 벚꽃이나 단풍잎이 빗물 때문에 바닥에서 잘 떨어지지 않아도 끝까지 깔끔하게 정리하지. 그런 끈기 덕분에 우리 동네 사람들이 마음 놓고 깨끗한 환경에서 지낼 수 있나 봐.

미화원님을 자주 지켜보면서 나도 쓰레기를 줍는 습관이 생겼어. 집 안에서나 바깥에서나 함부로 무언가를 버리지 않아. 일회용품을 적게 쓰고 재활용도 올바르게 하려고 노력 중이지. 모두가 자신보다 남을 먼저 위하는 마음을 가진다면 지금보다 아름다운 세상이 될 거야.

나도 안지호 미화원님처럼
끈기를 가지고 싶어.
포기하지 않으면
무슨 일이라도 해낼 수 있을 거야.
동생이 내 이야기를 이해하지 못하더라도
화내지 말고 차근차근 설명해 줘야지.

송지민 실장님은 내가 가는 미용실에서 일해. 귀밑 머리카락이 자꾸 떠서 고민이었는데 이 미용실에 한 번 간 뒤로는 해결돼서 계속 이용하고 있어. 사각사각 가위질 소리를 듣고 있으면 마음이 편안해져. 잔디 깎는 소리 같기도 하고 말이지. 삐쭉빼쭉 자란 잔디에 실장님의 손길이 닿으면 꽃밭 같은 스타일이 완성돼. 내내 감고 있던 눈을 뜨고 거울을 볼 때마다 무척 설레.

머리카락을 자르는 동안에 눈을 감고 있지만 절대로 잠들 수는 없어. 왜냐하면 실장님은 궁금한 게 엄청 많거든. 못 본 사이 무슨 일이 있었는지, 왜 이렇게 오랜만에 왔는지 쉬지 않고 물어봐. 정신없이 대답하다 보면 어느새 집으로 돌아갈 시간이야.

실장님은 호기심이 많아서 내 머리카락으로 새로운 시도를 할 때가 있어. 저번에는 새로 나온 스타일의 파마를 공짜로 해 줬지. 그런데 너무 복슬복슬해져서 한동안 학교에서 친구들한테 푸들이라고 불렸어. 그때부터 처음 하는 시도는 당분간 금지야.

솔직히 내가 연예인처럼 잘생긴 것 같지는 않아. 하지만 산뜻하게 머리를 자르고 나면 새 옷이나 새 신발을 신은 것 같아서 자신감이 붙어. 어쩌면 실장님이 머리카락뿐만 아니라 부끄러움도 잘라 내 주나 봐. 다음에는 실장님 마음대로 하도록 한 번 더 머리를 맡겨 봐야지.

나도 송지민 실장님처럼
호기심이 풍부해지면 좋겠어.
쓸데없는 생각만 한다고 혼나는 날도 있지만
유명한 과학자나 발명가도 엉뚱한 생각을 많이 할걸?
남들이 먼저 관심 가지지 않는 숨은 장점을
내가 먼저 들여다봐 줄래.

한민서 누나는 우리 동네 편의점 직원이야. 하굣길에 편의점에 들르면 반갑게 맞이해 줘. 시험을 준비하는지 일하는 사이에도 두꺼운 문제집을 풀고 있어. 나는 내 방 책상에서 숙제하는 것도 힘든데 누나는 일하면서까지 공부를 해. 무슨 시험이든지 좋은 결과를 얻으면 좋겠어.

일이 한가할 때면 누나는 동네 어린이들의 이야기를 들어 줘. 내가 발명품 대회에서 상을 받고 자랑했을 때는 축하한다며 편의점에서 증정용으로 나오는 음료수를 건네주기도 했지. 누나는 동네 아이들이 엉뚱한 이야기를 해도 무시하지 않아. 그래서 나도, 친구들도 누나와 이야기하는 걸 좋아해.

저번에는 친구들과 밖에서 노는데 갑자기 소나기가 쏟아졌어. 다 같이 급하게 편의점으로 뛰어 들어가서 기다리는데 비가 도무지 비가 그치지 않는 거야. 우산을 살 돈도, 마중을 나올 사람도 없어서 한참을 우물쭈물하고 있었지. 그런데 누나가 일단 우산을 줄 테니까 돈은 나중에 내도 된다고 말해 줘서 무척 고마웠어. 자기도 어릴 때 똑같이 곤란했던 상황이 있었대.

누나는 우리가 모르는 걸 물어보면 휴대폰으로 검색까지 하면서 설명해 줘. 친구들끼리 장난치다가 물건을 넘어뜨려도 웃으면서 넘어가지. 편의점에 사는 고양이 보리를 보듯이 우리를 귀여워해 줘. "어린이는 언제나 환영이야!" 우리가 추천한 과자를 진열하고 나와 친구들을 기다리는 누나가 참 반갑고 고마워.

나도 한민서 누나처럼
어른이 되어도 어린이를 존중할 거야.
누구나 어린아이인 시절이 있잖아.
키가 커져도 무릎을 굽혀 눈높이를 맞추고
다정하게 어린이의 이야기를 들어 줄 거야.

전은우 형은 우리 집 앞 꽃집에서 일해. 해가 뜨기 전부터 준비해서 아침 일찍 가게 문을 열어. 졸린 눈을 비비면서 학교에 가다가도 형의 활기찬 표정과 싱그러운 화분들을 마주하면 기분이 화사해져. 아빠가 꽃을 좋아해서 조금씩 들여놓다 보니까 우리 집도 점점 꽃집처럼 되어 가고 있어.

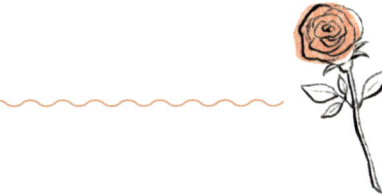

형은 성실해 보이는데 실수를 자주 하나 봐. 사장님한테 혼나고 있는 모습을 몇 번 봤어. 저번에는 꽃집 앞에서 물을 뿌리다가 손에서 호스를 놓치는 바람에 지나가던 서연 누나가 물벼락을 맞은 적도 있다니까.

형이 실수를 많이 하는 이유는 어제와 다른 시도를 멈추지 않기 때문이야. 천장에 화분을 거꾸로 걸다가 흙을 뒤집어쓰기도 하고, 꽃집에 들여온 괴상한 식물이 몇 달 동안 팔리지 않기도 하지. 하지만 지난주에 형이 기획한 수수께끼 화분 이벤트는 대성공이었어. 어떤 씨앗이 심긴지 모르는 화분을 팔았는데 사람들이 관심을 많이 가졌거든. 다음 계절이 오면 우리 집 베란다의 화분에서 무슨 꽃이 피어날지 기대돼.

전은우 형은 가끔 나와 친구들을 붙잡고 식물에 대해 한참 설명한 다음 꽃을 한 송이씩 선물해. 식물과 꽃을 이야기할 때 형은 무척 행복해 보여. "내가 사랑하는 오늘을 이 화분에 심고 정성껏 마음을 주면, 내일이 화사하게 피어날 거야."

나도 전은우 형처럼
사랑하는 일을 찾고 싶어.
사랑하는 일을 하며 살아가면
하루하루가 신나고 주변 사람들도 즐겁겠지.
그렇게 행복이 퍼져 나가다 보면
온 세상이 아름다워질 거야.

너의 장점은 뭘까?
네 주변 사람들의 장점은 뭘까?
정말 궁금해.